7
Lk 237.

LETTRE
DE PASQUIN
A MARFORIO,

Traduite de l'Italien, par M....

*Semper ego auditor tantùm, namquamne reponam
Vexatus toties?...*
         Juv.

JE croyois, mon cher Marforio, qu'exilé en la ville d'Ancenis, par les Romains, parce que, comme tu le sais, je parlois tout haut de leurs vices, je n'y aurois plus rien à faire qu'à dormir. Point du tout : j'y trouve encore des hommes, & des hommes comme à Rome, à cette différence près, que ceux dont je vais te parler, n'ont pas tout-à-fait leurs talents. Mais, avant de te dire ce qu'ils font, avec ma franchise ordinaire, je vais t'apprendre en peu de mots ce que c'est que le lieu de mon exil.

Il est peu de petites Villes en France aussi heureusement situées, que l'est celle d'Ancenis ; il est aussi peu de petites Villes où les habitants devroient être plus heureux que ceux d'Ancenis, ayant pour Seigneur M. le Duc de Charost, dont les bonnes intentions sont assez connues. Cette Ville possede un Hôpital, un Collége & une Communauté de Ville ; le Collége est assez bien bâti, l'Hôpital l'est sans goût & au hasard, la Maison-de-Ville est un vrai grenier à foin. Les Citoyens y sont généralement doux & honnêtes, nés sans ambition, si j'en excepte quelques familles. Tels sont les habitants & le lieu de la ville d'Ancenis.

Sur qui donc, me diras-tu, vas-tu exercer ta critique ? Sur qui ? sur les Administrateurs de ces Maisons, sur ceux qui dominent par-tout, & qui veulent asservir tout le monde, même dans ce temps de liberté ; sur certains hypocrites qui ont fait vœu de paroître au dehors le contraire de ce qu'ils sont au dedans. Et quoiqu'à Rome on se mette peu en peine de ce que font ici nos Grands, (je dis Grands par métaphore) je vais te dire à toi ce qu'ils sont.

Humani nihil à te alienum puto.

Commençons par ce qui intéresse le plus : l'humanité, l'Hôpital. Je me suis informé des noms de ses Administrateurs, j'ai demandé le nombre des pauvres, leur régime & leurs revenus. Depuis bien des années, m'a-t-on dit, Grasserie, Des-Airauds & Pinaudier font tout dans cette maison, & depuis ce temps nous avons toujours été en très-petit nombre, & assez mal nourris; ces Messieurs sont d'une très-grande économie, ils ont trouvé le secret de nous faire bâtir avec les dents; tous les jours on construit & on détruit, & tous les jours sont des jours de jeûne pour nous. Nous devons avoir bien de l'obligation à ces Messieurs de nous faire faire notre purgatoire en ce monde : autrefois, m'a dit une autre personne, on recevoit dans cette maison beaucoup de petits enfants & d'infirmes; tous les domestiques malades & beaucoup d'étrangers malheureux y trouvoient *gratis* des secours contre leurs miseres; autrefois on n'auroit pas souffert l'infortuné Moreau, incapable, à cause de ses grandes infirmités, de gagner sa vie, on n'auroit pas, dis-je, souffert ce cousin-germain de M. Pinaudier mendier si long-temps un morceau de pain sec; on ne l'auroit pas fait entrer dans cette maison, qu'à l'instant qu'il falloit lui présenter son lit de mort. On peut cependant faire beaucoup de bien dans cette maison, puisqu'on lui a fait de grands dons, & quoiqu'on ait dissipé une partie de ses revenus, elle en a encore; qu'en fait-on? Pourquoi ne change-t-on pas, tous les deux ans, ses Administrateurs, comme le prescrivent les Lettres-Patentes? Pourquoi MM. le Recteur & son Vicaire, gens de bien, s'il en fut jamais, se sont-ils attirés à dos nos Administrateurs; pourquoi ont-ils reçu derniérement une lettre pleine de sottises & de calomnies? Pourquoi?

Obsequium amicos, veritas odium parit.

Hé bien! Marforio, que penses-tu de tout cela? tu vas croire que ces Messieurs ne font point de bien à cet Hôpital. Tu te trompes: il se trouve dans cette maison un jeune Abbé, qu'ils y nourrissent à titre d'Aumônier. L'Hôpital n'est-il pas trop heureux de consacrer la subsistance de dix pauvres, pour le posséder, quoiqu'il n'en ait jamais eu besoin, MM. les Prêtres & les Cordeliers ayant offert leurs services pour la décharge de la dépense de cette maison? Ses Administrateurs n'ont-ils pas eu raison de se fâcher contre le Recteur qui trouvoit mauvais que ce jeune homme eût couché, renfermé avec de saintes Filles, dans une même maison ? Et qui peut ne pas trouver bien qu'ils refusent l'entrée de cette maison à nos pauvres, puisqu'ils ont la douce humilité de les assembler tous les dimanches à leur porte, & de distribuer deux liards à chacun, pour subsister pendant la semaine. Laissons donc nos Administrateurs opérer de si grands actes de charité, & passons au Collége.

C'est M. le Duc de Charost qui lui a donné une existence légale, qui l'a bâti & renté. Voila donc encore un bel établissement, qui exige de la part des habitants d'Ancenis la plus grande reconnoissance. Tu devines, Marforio, quels en sont les Administrateurs : c'est encore notre Triumvirat qui dirige tout selon ses lumieres & sa capacité. En bon calculateur il a dit : deux valent plus qu'un ; partant de ce principe, ils ont mieux aimé donner pour Chefs à cette maison deux jeunes gens qui savent bien faire leur partie avec les femmes, se friser, se poudrer, & jouer de la flûte, plutôt que d'y souffrir un homme mûr, un homme à talent, aimant l'étude, mais qui n'a jamais eu l'adresse d'être ravi des froides productions du Régisseur de M. le Duc; confiné dans le fond de son cabinet, il se mettoit peu en peine de *brûler sur l'autel d'une jolie femme l'encens le plus pur.* (1) Mais il faut tout dire : y eut-il jamais dans cette maison une plus mauvaise tête, pour me servir de leur expression ? Quoi, s'il annonce au public qu'il enseignera à ses éleves la Géographie, le Dessin, les Langues françaife, grecque & latine, les Mathématiques, & il tiendra sa promesse ! Voila bien de la mal-adresse. Qu'il revienne maintenant se ranger sous la férule de nos jeunes Principaux, ils lui apprendront une chose qu'il ignore, c'est d'enseigner ce qu'il ne sait pas.

Il faut cependant que je leur rende, ainsi qu'à nos Administrateurs la justice qu'ils méritent : il me tombe entre les mains un imprimé qui annonce un Exercice littéraire dans cette maison; ce sont neuf nouvelles Muses qu'ils vont faire paroître sur leur théatre. Quels talents ne faut-il

---

(1) Expression de M. Lafeuille à une de nos Dames.

pas avoir pour faire neuf Muses de neuf Ecoliers en troisieme! Qu'il étoit beau d'entendre ces Déesses hermaphrodites réciter en tremblant, une petite leçon compilée! Qu'il étoit ravissant de voir leur travestissement, de voir nues leurs belles gorges que MM. les Principaux leur avoient découvertes & décorées avec tout l'art dont ils furent toujours capables. Le Public a donc été très-satisfait de ce bel exercice; il desiroit cependant une chose, de connoître lequel des deux Principaux étoit l'Apollon. Cette annonce étoit d'autant plus intéressante pour ces Messieurs, qu'il étoit très-disposé à le recevoir pour ce Dieu : parce que n'ayant jamais rien appris en ce bas monde, il possede néanmoins toutes les sciences de ces neuf Muses écolieres. Que tu es malheureux, Marforio, de n'avoir point d'enfants! dans un jour on en feroit dans ce Collége une Muse, & une Muse coquette ou coquine.

Ne t'impatiente pas, Marforio, de la longueur de ma lettre; j'ai encore bien des choses à dire; je ne t'ai point encore parlé de notre Communauté de ville, où nos Triumvirs jouent un grand rôle, ou pour mieux dire, font tout à leur maniere. Des-Airauds & Pinaudier, accoutumés à faire la loi aux autres, se sont dispensés de celle qui les exclut de cette Communauté, tant ils aiment fronder tout, avec cette impertinence qui leur est devenue si naturelle par la trop grande complaisance des habitants d'Ancenis.

Entrons donc dans l'Hôtel-de-Ville; nous avons un Maire à nommer; la Commune veut donner sa voix pour nommer son Chef & détruire toute cabale. Le cas est urgent pour nos Triumvirs. Chacun d'eux va donc faire ici sa partie. Pinaudier, de la bouche duquel sortent toujours des paroles doucereuses, sera chargé de porter la parole. L'Assemblée ne se tenant pas le matin, mais après le dîner, Grasserie dormira, & à son réveil il criera: *procès-verbal* contre ceux qui ne penseront pas comme ses amis. Des-Airauds, en sa qualité de Procureur-Fiscal, aura le Département de la guerre. Voila, comme tu vois, Marforio, une Communauté de Ville bien organisée. Pinaudier parle donc pour engager la Commune à ne pas troubler les petits arrangements qu'ils avoient faits pour la nomination du Maire, (1) Pinaudier n'eſt pas écouté. Pinaudier leur repréſente que les Candidats qu'il propoſe, ſont de grands hommes, d'une grande capacité ; il nomme Thoinet ſon parent, Graſſerie fils, Avocat, *ad honores*, & Renoult l'ancien Maire. Beau trio de baudets, s'écria tout le monde, & on ne ſe rend point à la harangue de Pinaudier. Quel cruel affront ! Graſſerie ſe réveille & crie procès-verbal. Verbaliſez, dit-on hardiment à ſon Juge. Voila donc deux de nos Triumirs forcés d'amener pavillon, & de ſouffrir que tout le monde nomme celui en qui il a le plus de confiance. C'eſt M. Deliſle que la majeure partie des habitants deſire. M. Deliſle, bon Dieu ! à ce nom, Pinaudier, Des-Airauds & Graſſerie frémirent. M. Deliſle, Maire ! quel coup porté à leur ariſtocratie ! Ils entendent nommer un homme qu'ils ne pourront jamais gouverner ſelon leur caprice, un homme ſobre, dont on ne fixera

___

(1) Avant la réclamation de la Commune d'Ancenis, il n'y avoit que ceux qui avoient été Marguilliers qui pouvoient nommer le Maire. Quel abus ! qu'un Procureur-Fiſcal, un Juge, un Régiſſeur avoient beau jeu !

point la façon de penser par un repas; un homme qui ne craint point de se faire des ennemis quand il s'agit de rendre justice; enfin, un homme qui aime le malheureux & qui s'est toujours déclaré l'ami du peuple.

Sans doute que le sujet que préféroient Grasserie, Des-Airauds & Pinaudier, leur convenoit mieux: c'est cet homme qui, tous les ans, dit aux habitants des environs, *Vous ne pouvez vendre votre vin à d'autre qu'à moi, je ne vous en donnerai que tant, & ne veux encore vous payer que dans un an, dormez pendant ce temps.* C'est ce qu'on appelle en notre pays: *uno buono monopolatore*. On s'obstine donc toujours à rejetter le sieur Thoinet, & à nommer M. Delisle. On va aux voix. Quatre Commissaires, un Greffier & Grasserie les reçoivent.

La majeure partie des habitants avoit déja donné sa voix, presque tous pour M. Delisle, quand le sieur Grasserie voyant qu'on osoit toujours le contrarier, se leve précipitamment, a recours à son arme ordinaire, déclare procès-verbal contre toute l'Assemblée, & se retire. On continue néanmoins à recevoir les voix, on les compte, & il se trouve que M. Delisle est nommé à la pluralité de soixante-seize voix.

Voila donc deux de nos triumvirs tout-à-fait hors de combat. Mais tout n'est pas défespéré puisque Des-Airands veut bien donner ses ordres & combattre.

Deja Barbarin, tendre nourisson du Dieu de l'Inde, brûlant du desir de bien mériter du parti, s'avance, & sous les yeux de son Général, porte un coup de lance dans la gorge d'un zélé Citoyen de la Commune; déja les sieurs Biou, Cathelinais, Grasserie fils, Deniau (1) & quelqes autres Elus, sont sous les armes; déja ils ont trouvé, dans le fond de trente bouteilles de vin, assez de courage pour résister seuls contre tout le monde, & les empêcher de porter chez leur nouveau Maire, les drapeaux qui se trouvoient chez l'ancien; déja cette phalange redoutable, soutenue d'un détachement de Dragons, que Des-Airauds a appellés à son secours, paroît avec les drapeaux qu'ils viennent d'enlever, & défient ainsi tous les Habitants au combat. Quelle confiance ne leur inspire pas la présence de

---

[1] Deniau garçon d'un Chirurgien-Major de Régiment, s'est marié ici; il emploie l'art de son maître à déterminer les successions. Comme on voit, il est utile au Public.

leur Général M. Des-Airands ? Tout annonce en lui le Dieu de la Guerre, son armure, son attitude intrépide, la pâleur de son visage, la rage qui déchire son cœur, & le feu qui sort de ses yeux.

Voici enfin l'instant arrivé où il brûle de développer sa bravoure. Les Habitants viennent sans armes conduire leur nouveau Maire, venez, braves Compagnons, dit-il, je vais tous vous les livrer *tanquam pecora*. Faisons leur voir, en leur enlevant leurs tambours, que ceux qui ont des armes sont plus forts que ceux qui n'en ont point. Tous ses ordres sont exécutés, on fait feu sur les Habitants, on charge des canons jusqu'à la bouche, on marche bayonnette au bout du fusil, on s'empare des tambours, & l'on rentre dans le Château chargé de trophées.

Des-Airands invita ensuite à souper toute son armée qui s'étoit si bien montrée, & comme ils devoient au Dieu du vin toute la gloire dont ils venoient de se couvrir, la Troupe chanta en son honneur ces couplets.

Triomphe, victoire,
Honneur à Bacchus :
Publions sa gloire.

Triomphe, victoire,
Buvons aux vaincus.

Bruyante trompette,
Secondez nos voix.
Sonnez leur défaite;
Bruyante trompette,
Chantez nos exploits.

Triomphe, victoire,
Honneur à Bacchus.
Publions sa gloire.
Triomphe, victoire,
Buvons aux vaincus.

Voila, mon cher Marforio, ce qui se passa ici le 30 Août dernier, & voila ce qui auroit mis un grand deuil dans Ancenis, si ses Habitants avoient été aussi méchants que nos triumvirs aristocrates.

Le lendemain, lorsque le soleil eut dissipé, avec les brouillards de la loire, les vapeurs qui avoient troublé leur cerveau, notre triumvirat s'assembla & décréta que la nomination du Maire ne valoit rien, puisqu'il ne se trouvoit point au nombre de ses partisans; qu'il falloit mettre en prison des Citoyens qui avoient osé porter les mains sur des bayonnettes, qu'on vouloit leur passer amoureusement au travers du corps; que le sieur Grasserie entendroit juridiquement pour témoins leurs affidés, pour ensuite dresser procès-verbal contre tous les Habitants. Ils ont exécuté tout cela, & on doit rire de tout cela.

Veux-tu, Marforio, que je te dise franchement ce que sont ces trois Héros-là ? Pinaudier qui, il y a dix-huit ans, n'avoit pour tout bien que son petit collet, a tellement fait fortune par une place d'Entreposeur au Tabac que, dit-on, il a extorqué à M. Beugnet son parent & son bienfaiteur, qu'il se croit maintenant un grand personnage. Il sait bien se venger du temps où il étoit réduit à vendre, à Tours, des pots-de-chambre. Il est Poëte d'inclination : en cela il ne fait tort qu'à lui ; au reste je le trouve assez adroit. Des-Airauds est son dogue, qu'il lance contre ceux qu'il n'aime pas; ainsi, Marforio, prends garde qu'il ne te morde si jamais tu viens ici, & sur-tout si tu siffles le Poëte d'Ancenis.

Des-Airauds n'a aucun talent. Né atrabilaire, il ne suit que sa fougue; gêner tout le monde, leur susciter de mauvaises affaires, soutenir l'injustice, perdre les hommes de réputation, leur enlever leurs états, faire mourir de chagrin le Magiſtrat chéri de tout honnête homme, à cauſe de ſon mérite & de ſon équité; abuſer, d'une maniere indigne, de la faveur que lui accorde M. le Duc de Charoſt. Voilà toute ſa vie, voilà tous ſes paſſe-temps, voilà le Séjan de Rome. Pour Graſſerie, à cela près qu'il vit aux dépens de ceux qui veulent bien lui donner de l'argent, c'eſt traits pour traits, le gros Vitellius.

Je ſuis, &c.

Le très-humble & très-
obéiſſant ſerviteur,
PASQUIN.

Ancenis 2 Septembre 1789.

P. S. J'apprends que Des-Airauds eſt devenu tout-à-fait humain. Il va faire viſite même à ſes ſimples Soldats, pour les remercier de leurs bons offices.

On vient de me dire auſſi, que ce nouveau Delaunai, après avoir fait du Château de M. le Duc une nouvelle Baſtille, lui a marqué que les Habitants d'Ancenis ont voulu y mettre le feu, & qu'il s'y eſt opposé de toutes ses forces ; on me dit que M. le Duc lui a fait cadeau d'une somme de 1500 liv. si tout cela est, voila un excès de calomnie, un excès de bonté, & un excès de friponnerie.

www.ingramcontent.com/pod-product-compliance
Lightning Source LLC
Chambersburg PA
CBHW070544050426
42451CB00013B/3161